JN425114

매운방

애지시선 058

매운방

2014년 12월 8일 초판 1쇄 발행

지은이 신준수
펴낸이 윤영진
편 집 함순례
디자인 함광일 이경훈
홍 보 한천규
펴낸곳 도서출판 애지
등록 제 2005-5호
주소 300-812 대전광역시 동구 대전로 867번길 46(삼성동)
전화 042 637 9942
팩스 042 635 9941
전자우편 ejiweb@hanmail.net

ⓒ신준수 2014

ISBN 978-89-92219-53-2 03810

* 저자와의 협의에 의해 인지를 생략합니다
* 이 책 내용의 전부 또는 일부를 재사용하려면 저자와 애지 양측의 동의를 받아야 합니다

애지시선 058

매운방

신준수 시집

□ 시인의 말

잠에서 돌아오지 않는 새 한 마리를
땅에 심어준 적 있다
두 손을 모으기도 했던 것 같다
그때,
새의 육신에 잠시 머문 인연이
이렇게 시를 향해 날아가고 있는지 모르겠다

2014년 11월 경문재에서

신준수

차례

제2부

제3부

제1부

스르륵, 봄

오래된 벚나무에 폐비닐 척 걸려 펄럭인다
두 번 감아 길게, 로맨틱한 연출법이다
곧 늙으신 몸 여기저기 뚫고 나오실 주책없는 꽃송이들 어쩌시려고

고목의 봄날을 어찌 감당하시려고
가지에 놀던 곤줄박이 박새도 다 쫓아 보내고
두꺼운 엄동도 다 쫓아 보내고
머플러 척 걸치시고 나온
짧은 봄날의 외출

따뜻한 바람, 여러 겹으로 주름지는데
부쩍 머플러를 탐하시는 어머니
어설프게 둘러 흘러내리고 밟혀 애물 되기 일쑤지만
새로 당도하는 꽃샘추위가 두려우신 게다
깃털처럼 가벼워지는 것 두려우신 게다

고목을 뚫고 툭툭 튀어나오는 춘심
어찌 바람이 이리 달다냐
다 녹아 혀끝에서만 맴맴 도는 봄날의 끝

바람 불면 머플러처럼 스르륵,
풀릴 봄

조각보

버려진 하천부지 고만고만한 뙈기밭 살붙이처럼 붙어 있는데요 상추 파 쑥갓 고추 토마토 가지 시금치 얼갈이 오밀조밀 어깨 겨누고 있는 그게, 한 땀 한 땀 이어붙인 조각보입니다

꾸불텅꾸불텅 민달팽이
육필 선연한
푸진 밥상입니다

세상에 밥을 탐하는 것들

시장기 급한 여름이 확, 밥상보 걷어내듯 물길이 휩쓸고 간 지난해 덜 익은 것들 날것으로 쓸려간 밥상머리 몇 남은 건건이 일으켜 쿵쿵 지지대 박던 노인을 오늘 다시 봅니다

조심조심 밥물 맞추듯 푸성귀 매만지는 남루한 저 손길

도 언제 쓸려갈지 모르는 밥상처럼 위태위태합니다

허겁지겁 허기 속으로 잦아든 초록의 밥상이나 초록에서 여물고 있는 씨앗들 묵정밭 같은 저 손에 다시 씨앗 떨굴지도 의문입니다

비어있는 밭이라야 다시 씨앗 묻을 수 있듯 가보지 않은 저쪽 어디 빈 밭을 점찍어 두었을지도 모르지요

맨처음 고개 숙이고 나오던 물음표 같은 떡잎처럼
저 노인 구부정한 것이 새싹을 닮았습니다
곧 어느 곳으로든 옮겨질 모종처럼 말입니다

싹트는 행간

줄공책입니다 보습 지나간 자리 햇살 머무는 곳마다 거름 냄새 가득합니다 쓰고 그리기에 맞춤한,

소작농이었던 아버지에게도 빽빽하게 잎 나부끼던 밭이 있었습니다

종유석 같은 얼음이 아름으로 자라던 날 이랑에서 이랑으로 흘러 다니던 한 농사꾼 며칠 앓던 신음을 데리고 감자밭 귀퉁이에 파종되었습니다 품앗이 하듯 모여들어 한겨울의 이른 파종을 마치고 이삭 줍듯 유품을 정리하다 거기, 씨앗 묻듯 또박또박 눌러쓴 농사일지

페이지를 넘길 때마다

옥수수가 싹을 틔우고 논에 피를 뽑고 또 어느 페이지는 가뭄으로 속이 타고, 수십 장에 적힌 곡식들만으로도 겨우내 배불리 먹을 수 있었을까요? 손끝, 봄에서 여름으

로 가는 페이지가 얇습니다

　행간마다 온갖 씨앗이 또록또록 굴러다니고 있습니다

기둥

고추밭은 바짝 약이 오르고
6남매가 모였다
한철 끊겼던 소식 다시 이어지듯
오래 전 이 집을 지을 때가 생각났다
그때 우리 모두는 기둥이라고
귀가 닳도록 들었다
정말 기둥인 줄 알았다
그 후 기둥들 다 빠져나간 집은
그것 보라는 듯 기울어져 갔다

고추밭에 있으리라 여겼던 어머니가
옆방에 누워있다
빨갛게 고추는 약이 올랐는데
첫물고추들이
끙끙 앓으며 마르고 있었다
이렇게 '매운방' 이 있다는 것을
뒤늦게 알았다

마중

추석이었다
가난한 자취생이었던 나는
시내 터미널까지 마중 나온 어머니를
대합실에서 만났다
돈은커녕 돈 넣을 수중도 없었다
매점 아낙이 돈뭉치를 바르게 펴고
그걸 천천히 세고 있었다
난 외면하고
엄마는 오래 바라보았다

몇 년 후
얼마간의 목돈을 모으고
일부러 헝클어트려서 엄마에게 드렸다
좀 세어달라고
아마도 추석이었을 것이다
처음으로 돈 몇 푼 넣을 수중이 생긴
들뜨는 추석이었다

싱싱한 방

이 방房에서 나는 몇 개의 눈을 만들어 냈고
몇 십 개의 손가락들을 만들어 냈다
이 체내수공업으로 한 가계家系를 건축했고
최초의 뛰는 심장을 구해냈다
어떤 실수가 이 방의 문을 안에서 잠그게 했을까
어떤 얼룩이 이면의 생을 키우게 했을까
MRI가 지나가고
지느러미처럼 예리한 칼날이 방을 비웠다
봉합의 자국이 지퍼처럼 가두어 놓은 곳엔
더 이상 부풀어 오르지 못할 빈 허공만 남았다
생장점을 끊고 썰물처럼 빠져나간 수면엔
모든 문들이 사라졌겠다

그러고 보면 싱싱한 것들은 다 상처가 키우는 후생들

달이 차고 기우는 때때로
꼭꼭 눌러 채웠다 가는 온갖 목숨들

한 잎 베어문 여름, 그 신맛의 한철 만으로도
나팔꽃 한 송이 거뜬히 피울 수 있다니

상처를 모신 기억이 불어오기도 하는 빈 집
더 이상 풋것들을 탐하지 않는 달이 빈둥대는 빈 집
내 몸의 크기에 맞춰지며
나를 기다릴, 지금은 사라진 방

넓은 그늘의 방을 키우는 나무들
스스로 그 방에 드는 엽엽葉葉의 순리,
가장 가벼워진 때에 이르러

짱꼴라

짱꼴라,

나에게는 세상에서 가장 재미있는 말이다

먼 피붙이에 붙어 살던 반푼이 노총각 조무래기들 모여 있는 곳에는 늘 짱꼴라가 있었다 꼴라꼴라 짱꼴라 촐래촐래 따라다니며 기분 내키는 대로 부르고 막 대해도 늘 웃어주던

짱꼴라는 진짜 어른이었다

나는 깡통차기 술래잡기에서
늘 그에게 승패를 양보 받았다
지금까지도 유일한 연승이자 전승의 승패다
해 지는 줄도 모르던 말
짱꼴라,
본래의 이름과 나이가 없던

그의 손에 잡히면 양 귀를 잡힌 채

서울구경을 몇 번씩이나 하곤 했다
꼴라꼴라 짱꼴라
금세 심심하던 마을은 푸르르 살아났다
아이들 웃음이 빗방울처럼
마을을 튀어 다녔다

진짜 어른이었던 짱꼴라가 어느 날부터 보이지 않았다 아무도 그의 행방을 궁금해 하지 않았다 짱꼴라는 동네 아이들의 웃음을 모두 가지고 갔는지 마을에서 아이들의 웃음소리가 사라졌다

꽃피지 않는 정원

지금도 출렁거리는 그때 기억, 살구꽃 지는 4월, 와글대는 햇살아래 잠이란 잠은 모두 등에 지고 봄과 봄의 사이가 눈과 눈꺼풀이 촘촘 꽃잎일 때 야가야가 오금 박는 소리 허공을 찢었다 살구나무 아래 애벌레처럼 곰실거리던 동생은 뒤집힌 거북이처럼 버둥거렸고 입에서는 흰 살구꽃이 부글부글 부풀어 있었다 빈 병에는 약냄새 독한 바람이 팔 할쯤 들어 있었다 겨우 세 살이었던, 비눗물 한 바가지쯤 마시고 한참만에 정신을 차렸으나 봄은 비틀비틀 여름으로 가지 못했으니

이깟 오살할 노무 낭구 가슴에 구근을 매단 엄마는 삭도削刀보다 더한 말들을 쏟아내며 낫이면 낫 도끼면 도끼로 살구나무 그늘이 환해지도록 찍어댔다 팔을 치켜들고 바르르 몸 떨던 오래된 살구나무 빽빽한 울음에서 엄마 냄새가 났다 그 후 어떤 봄에도 살구꽃 달캉이는 소리 비추지 않았는데

툭, 마음 꺾인 엄마는 삼십여 년 피던 꽃이 더는 비치지 않았다
달았던 입엔 까칠한 바람만 들락거렸다
과녁을 향해 피고 지던 팽팽한 것들
몸 속 오르내리다
툭, 터지던 꽃들

풋것이 풋것을 토해내던 살구나무 흰 그늘
그늘을 덮고 저버린 꽃이 환하다

깽깽이풀꽃

성형미인 같다 포즈와 표정들 제각각이다 개미 이사 가듯 줄지어 핀 깽깽이풀꽃 강원도 어디, 남도 어디어디에서는 손을 탔다는 기사가 연일 되고 충청도 어디는 자생지가 흔적 없이 사라졌다는 소문 선명하다 4월은 삭아가고 풀잎은 독이 오르고 참, 지랄들이다

씨앗 떨구고 3년이 지나야 꽃이 핀다 죽 한 그릇 뚝딱 비우는 사이 피고 진다 잠시 한눈팔면 1년을 기다려야 만날 수 있는 꽃 머잖아 멸종될, 바람은 돋았다 사라지고 수십 번은 족히 물어왔을 바람의 안부, 새들은 디덤디덤 노래를 불렀다 겨우, 기어이 어여쁜

먼 곳에서 온 친구를 사정이 생겨 만나지 못했다 또 몇 년 디덤디덤 지날 것이다 지진이 나고 홍수가 나고 어쩌면 그와 나 사이의 기억들은 멸종되고 말지도 모를 일

잠시 한눈파는 사이 올해의 봄들이 멸종 된다 오래전

책갈피에 꽂아둔 꽃잎이 툭, 깨금발 뛰듯 튀어 나온다 살다보면 묵직한 몇 페이지쯤 멸종되는 것 대수라지만 자주 보던 산중턱 그 어느 페이지에도 남아 있지 않을 것들 군락지가 하얗다

지긋한 여자, 꽃의 무늬들이 얼굴 밖으로 자잘하게 피어나고 있다 한 계절 따뜻하게 멸종으로 가고 있다

사람이 샌다

지역아동센터 미술시간 진규는 사람을 그릴 때마다 선을 이어 붙이지 못한다 둥근 얼굴선이 그렇고 팔 다리 목 어깨로 이어지는 곳곳에 틈이 많다

생각해보면 진규 엄마 아빠 모두 그 틈으로 빠져나갔다

그룹홈에서 공동생활을 하고 있는 미희 아버지, 보라 엄마도 그 틈으로 새어나갔다

엄마 그리는 시간
빈 엄마가 엄마고
빈 아버지가 아버지다

엄마이름 물으면 센터장님 아빠이름 물어도 센터장님 또박또박 말한다

7살,
진규는 너무 많이 새서 그런지 늘 말라있다

딱,

그날, 풀밭에 앉아 있었던 것이지요 바람은 또 어찌 그리 숲을 박차고 달아나든지 발바닥을 닮은 신갈나무 잎이 손뼉을 치듯 양 귀를 움직이듯 나부끼고 있었지요 가을이 지나고 있었던 것이지요

어미 신갈나무 마지막 남은 자식마저 털어내듯 초록빛 통증 딱, 어깨를 치는 것이었지요 움찔, 한쪽 눈을 감았다 뜨는 그 찰나

산나무 열매들은 최초로 떨어진 곳을 착생지점으로 삼는다는 옛말이 아니어도 그날 이후 어깨에서 팔목까지 도토리 한 알 구르는 자잘한 통증, 발아하기 마땅한 곳을 찾아 돌고 도는 것이었지요

제멋대로 구부러지는 기슭 나무들 사방으로 뿌리를 뻗는 것은 다 어리둥절 굴러온 탓이지요

어깨에서 팔로 굴러다니는 도토리 한 알

e — 편한 세상

나는 e — 편한 세상에 사는데 하나도 편하지 않다 뾰족한 별이 불편하고 변덕스러운 달 때문에 불편하다 창밖의 남자가 커텐을 치지 않아서 편하지 않다가도 어떤 날은 커텐을 쳐서 불편하다 높을수록 흔들리는 것이 순리라지만 먼 곳만 흔들리고 가까운 곳은 흔들리지 않아서 불편하다 이팝나무보다 더 높게 사는 것 같아 불편하다 e — 편한 세상에서 편한 것이 하나도 없다 도둑걱정이 줄어서 불편하고 널어놓은 빨래가 비에 젖지 않아서 불편하다 세상의 편한 것들을 집안으로 끌어들이려고 e-편한 세상에 왔는데 e-편한 세상에서 나만 불편한 것 같다 낙마는 제 높이를 감당하지 못할 때 일어난다는데 아무래도 나는 이 높이를 감당하지 못할 것 같다 e — 편한 세상, 우리 가족만 아는 비밀의 숫자가 있어 불편하지만 건망증 하나만으로도 집을 잃어버릴 수 있다는 것은 좋다 창문에 달이 두 개씩 떠서 스티커처럼 붙어 열렸다 닫혔다 한다 e —편한 세상에는 불편한 것이 너무 많다

염낭 거미

염소 거더맥이기가 심들어서 씨만 양우구 약을 했는데 슬에 와서 갖다 머거라

우린 아직 젊은데 엄마나 드세요

그런 말 마라 약두 약발 받을 때 먹어야지, 머이 난 이제 아무리 좋은 약을 머거도 먹은 둥 만 둥 해

풀잎 속에 거미가 분주하다
약발 없는 위로가 바글바글 붙어있다

기억 무렵

나는 최초로 입안에 연기를 물었다 풍선처럼 볼을 부풀렸고, 최초로 몽롱했고, 최초로 날개를 가졌다 아프던 충치 하나가 콜록거렸다 불모지를 막 건너온 바람이 아지랑이 속에서 일렁거렸다

때때로 치통이 도지면 할머니는 긴 곰방대를 내미셨다

누구에게나 그날이 있다 되뇌는 날짜로 앞으로 혹은 뒤로 걷다보면 누군가 빼꼼, 훔쳐보는 그런

목에 갇혀 간질간질하던 이름 하나가 연거푸 튀어 나올 것 같았다 미덥지 못한 요법, 그걸 꼭 믿은 건 아니지만 달뜬 마음으로 까무룩 잠이 들었고, 아침에서 저녁까지의 거리가 짧았다 그때 나는 일곱에 하나를 더한 나이, 입 안에서 연기가 길게 풀어지고 있었지만 눈은 아리지 않았다 꼭 감았기 때문 머릿속이 몽롱하고 발끝도 몽롱, 눈 감으면 풍경이 도망가지 않아서 좋았다

보루 개비 쌈지 그 이름 생각할 때마다 마른기침이 났다 헛것과 헛것, 뭉텅뭉텅 잘려나가는 현상이 아팠다 푸른 불꽃이 늙어갔다 아무렇게나 비벼 끈 시간들이다

키를 높인 첫키스에서 그때 그 연기 맛이 났다 중추에 보일러 돌아가는지 얼굴이 후끈 달아올랐다 이름을 알 듯 말 듯한 옆구리 붉은 새 한 마리가 하늘을 횡단하고 있다

달팽이의 외출

— 암 수 한 몸인 달팽이는 자가수정을 피하기 위해 몸 속에 시계를 지녔다는데 그 시간을 교묘히 이용해 스스로 만들어 낸 정자와 난자가 만나지 못하게 한다는데 내 몸에 너를 모신다는 것, 그러면서 서로 모르는 척 해야 한다는 것

달팽이 그늘 밑을 걷고 있습니다
개망초 氏네를 지나 원추천인국 氏네 앞도 물결치듯 걷고 있습니다
일보일보 느린 도보법이 끈끈한 공력에 다다랐나 봅니다
수풀의 그늘 광배가 늘 붙어 다닙니다

어디 가세요? 하고 불러 세우려다가
문득, 걸어간 길마다 반짝반짝 빛나는
끈끈했던 시간이 말라 저렇게 빛이 나는구나
미약한 감각이 멸종되지 않는
비밀 교지이겠다 싶어

수억 년 더 부드러운 길 가겠다 싶어 그냥 바라보고 있습니다

1분이 한 시간처럼 한 시간이 하루처럼 한 계절이 평생처럼

갑각류 단단해지는 계절
시간이란 저렇게 단단해지는 것입니까
개망초 원추천인국 몇 송이 지나
축축해진 그늘 밑을 일보일보 달팽이 걸어갑니다

비는 오고 망초대 꾸벅입니다
달팽이, 물속에 살았던 조상들의 연대기는 어디쯤 따라오고 있습니까? 물어보려다
칠월의 꽃이란 꽃들이
까르르까르르 웃으며 쏟아지는데
느릿느릿 몸속의 타성은 영영 못 만날 것 같습니다

쏙독새

추석 보름 전에 돌아가신 할머니는 면面내 최고령이었다 사대가 명절 보내는 풍경을 담겠다고 PD가 왔던 것인데 치매에 눈도 귀도 침침한 할머니는 동란 때 잃은 아들이 왔다며 울다 웃다 한말 또 하구 한말 또 하구

일상을 담으러 오는 날 시어머니는 골판지 같은 할머니 얼굴에 분도 바르고 옥색 한복도 입히고 했던 것인데, 더 정성을 들여 보듬는 것은 당신 매무새였다 살다살다 먼 복에 텔레비전에까지 나오게 됐는지 모르겠다며 꽃무늬 티셔츠에 빨간 립스틱을 바르고 민들레 꽃씨처럼 둥둥 떠다녔던 것인데, 깜빡깜빡 조는 듯 할머니 마지막 생은 싹뚝싹뚝 세상의 뒷면으로 잘려 나갔던 것인데

PD는 어이없는 표정으로 돌아가고 잘 돌아 가셨네 잘 돌아 가셨어 조문객들은 입을 모았고 그렇치 뭐 내 복에 뭔 텔레비전이여 복 있는 년이 여직 이러구 살었것어 비가 조금 내렸을라나 엿가래처럼 늘어지는 시어머니의 팔자타령은 찰졌다 3년 후 한 해에 남편도 큰딸도 할머니 곁으로 보낸 시어머니는 줄 끊어진 연처럼 펄럭거렸다 성황

당 돌무덤 지나 조팝꽃 흐드러진 왕솔밭 샛길 지나 아버님 묘에 바랭이 조뱅이 뽑고 계실지 몰라 텔레비전 보다가 주무시는 밤이면 목갈라 터지도록 쏙독새 우는데

무쇠솥

칠순 노모 팔목 골절 되었다는 전화를 받고 정육점으로 달려가 단단하고 속이 꽉 찬 우족 한 켤레 택배로 보냈다

우째 시커먼기 잘 우러나지도 않코 꼭 중국 놈 이마씬 물매키루 멀거이 그러타 니가 시키는대로 찬물에 핏물 빼고 무쇠솥에 시나미 하루 반나절을 고아도 그렁거보이 아매 솥이 지랄을했능개비다 인날부터 무다이 솥이 지랄을 하믄 하얀 쌀밥도 꽁보리밥 맹키로 시커머코, 불 대중 잘한 떡 시루에도 짐이 안 오르고 설익는다 하더니 꼭 그짝이다

솥에도 마음이 있어
마음 네 귀퉁이에 송신기가 있어
극진한 정성 들여야 틉틉하고 깊은 맛 낸다는 우족 빌어
어머니 손끝에서 놀아온 너
니가 지랄을 떨었구나

제2부

7층 석탑

난데없이 목덜미쯤이 뻐근하다면 신경외과에서 본 사진 속 7층 석탑 보세요 우리 목뼈는 7층 석탑입니다 그 중 5번이 6번을, 하얗게 투영되는 건축물

한나절 시들하던 햇살이 반짝 허리를 굽혔다 가고 액자 속 노송도 걸어 나와 합장한다 언제 어느 순간 내 안에 사원을 들였는지

한 번도 독경을 외워보지 못한 사원이다
목뼈 일곱 개
수많은 도리질과 수긍이 세운 내 번잡한 석탑

칠층석탑 하나 산책을 한다 갈대 일가 일제히 허리를 굽혔다 편다 수없이 굽혔다 폈을 것이다 아마 탑도 허리쯤이 굽어져 있을 것이다

바라고 또 바라는 합장이 사원이다

합장하고 돌아서서 나물 뜯지 마라
손도 씻지 말라던 말씀
내 안에 사원 하나 들이는 일,
목덜미 어디쯤 뻐근하게 살아야 하는
쓸쓸한 일

네발나비

봄과 쌀쌀맞은 바람이 놀고 있는 고향집 마당 갸우뚱갸우뚱 나비 한 마리 제 놀이에 집중한다 리허설하는 발레리나 같다 싶더니 잠에서 돌아오지 않는다

곱구나,
주책맞게스리 눈물이 나야 저것도 목숨이라고

늙은 여자 봄날엔 높낮이가 없다 총기니 시력이니 하는 것들 오래전 일 같다
자글자글한 봄볕이 펴지고 있다
길게 뻗어 마치 끈 풀린 새 신발 같다 다리였던,
길 없는 허공을 돌아다녔던 죄가 깊다

매듭이 없는 몸이다

바람은 날마다 다른 페이지로 열린다 페이지마다 긁히고 찢긴다 필요없는 것 조금씩 줄이며 겨드랑이 간지러웠

을 것이다. 자고 일어나면 조금씩 줄어 있었을 기류氣流

평생 꽃밭에 한번 앉아 보지도 못했지 뭐

늙은 여자, 무릎에 있던 힘은 저만치 풍경에 가 있다

꽁꽁 죄여진 매듭이다

* 네발나비 : 2개 다리가 퇴화되어 4개만 있는 것처럼 보여 이름 붙여짐.

말하는 귀

— 긴날개여치는 수컷만 소리를 낸다는데,
암컷은 그 소리 듣기 위해 종아리
마디 안쪽에 고막이 잘 발달했다는데

긴날개여치는 말하는 귀와 듣는 귀가 따로 있다네
나선형계단이 그의 집, 소라껍질처럼 돌아간
드르르륵 똘똘
말하는 귀, 사흘밤낮 현을 켰다네

듣는 귀, 음계에 맞춰 쫑긋 귀를 열었을 것이네
반딧불이 꽁무니처럼 빛났을 것이네

산산이 귓불 붉어지던 날
듣는 귀 말하는 귀는 자귀나무잎처럼 포개졌을 것이네
자지러졌을 것이네 스멀스멀 고요했을 것이네 사이,
말하는 귀 공기의 파동 시름시름 증발했을 것이네
듣는 귀 땅 속 깊이 산란관을 꽂았을 것이네
한 고개 두 고개 열 고개 스무 고개
지저귐 뒤에는 항상 추운 계절이 온다는,

알은 추위의 씨앗이었네

모든 소리는 짝이 있는지
정오를 털고 일어난 듣는 귀는 말하는 귀를 따랐네
서천 초행길을 둘레둘레 잘도 가네

여름 숲, 다 짝을 잃어버리는 철이라네
나팔꽃, 잎을 오므리고 잠을 청하고 있네

조깐술

화양동 금성민박
가을햇살처럼 말간 동동주 한 탁배기 단숨에 들이키고

캬 직이네예 애첩보다 더 맛있는 이 먼 술이니껴

차좁살 진한 향기 범선처럼 떠 있는 술청

다른 지방에서는 조껍데기술이라고 하는데 우리 충청도 양반들은 조깐술이라고 합니다

아! 그래예 으짠지 좆나게 맛있네예

조깐술로 둔갑한 조껍데기술

살다가 배알 꼴릴 때 토악질하듯 내뱉는 '좆까네' 그 좆이란게 죽었다 싶다가도 어느새 푸르르 살아나 씨앗밭 갈아 엎는 보습 아니던가, 짱짱한 연장 아니던가* 살아가는

일 좆만 같다면이야

* 손세실리아 『기차를 놓치다』에서 인용.

행복

목이 말라 주위를 살피던 할머니
음료수 진열되어 있는 자판기를 발견했다

마실꺼 하나 조바유

대답이 없자
여기 저기 동전을 밀어 넣어 보는데
철커덕 투입구로 들어갔다

여바유 마실거 하나 달라카이 으짜 빗감도 안히여

청아한 하늘에 흰구름만 멀뚱멀뚱
안타깝게 지켜보던 할아버지

거 딴거 돌라케보이소

노모

새 울음 이어부르기처럼 들리는 영월 무릉도원에는 세상 물정 무지한 팔순 노모와 지나는 바람에라도 허튼 말 않는 떠꺼머리 총각이 있는데요 노모 병원 모시고 다니는 일 수월찮아 수험표 앞뒤로 수입인지 빽빽하게 붙이고야 운전면허 시험에 합격을 했더랍니다 면허증 받던 날 카센터하는 후배가 가끔 시동이 꺼지기는 해도 노모 병원 모시는 데는 이상 없다며 자동차 키를 건네 주더라네요 무사히 집에 도착한 총각 주차할 자신이 없어 어무이 차 꽁무니 전봇대에 닿나 잘 봐유, 앞으로 뒤로를 몇 번 꽁무니가 전봇대에 '쿵' 닿았다네요 기특하고 흐뭇하게 지켜보던 노모 닿았다! 손뼉을 탁 치시더라네요

그렁그렁 눈물 매단 멧비둘기
봄 재촉하던 날

꽃들은 다 가렵다

이를테면 잇몸에 붉은 노을이 고였다 가거나 날숨을 양옆으로 흘려보내며 내는 유음의 리듬처럼

스스로 긁어 피고 스스로 딱지를 떼듯 진다

꽃에 앉았다 간 벌침 속에는 한번 피고 마는 꽃이 있고, 서너 번 피는 꽃도 있다 바람을 채록하는 것은 씨앗들의 오랜 습관

긁어야 피는 꽃,

꽃 진 자리 씨앗 무성하다면
유난히 많은 꽃이 핀 까닭

어떤 것은 사람의 몸에 닿으면 빨갛게 발아한다 무성하거나 나직한 행을 이루는 단어의 배열 같다 일정한 운율로 음의 장단이나 강약이 반복될 때 그 흐르는 음악처럼

팔뚝에 일주일 정도 피었다 진 꽃,
팔을 흔들면 차랑차랑 씨앗 흔들리는 소리가 나는 것 같다
단단하게 잘 여문 통증이다

자꾸만 긁고 싶은,
긁어야 피는 꽃

경계마다 꽃이 핀다*

1— 겨울
바닥이 꽃을 피우는 철

바닥이 꽃송이 분양에 한창이다 어제는 고양이 두 마리 담벼락 밑을 지나가더니 고양이 발바닥 닮은 꽃이 피었다 오늘은 참새 부부 덤불 아래 진종일 종종거렸다 난쟁이붓꽃이 마당 가득 피었다

요즘 꽃들은 향기가 없다지만
눈밭에 끊어질 듯 꼭 꼭 이어지는 향기들
손뼉을 치듯 자꾸 펄럭인다

한철 피었다 지는

2— 봄

별의 보법이 빠르다 눈 내리다 멈춘 자리, 순이 되고 싹이 되는 것들 펜촉 같다 오솔길마다 문이 열리고, 덜 자란 볕은 아직 짧다

파란색 어린 봄비가 다녀갔다 겨울을 건너온 생강나무 환하게 그늘을 밝히더니 꽃송이 뚝뚝 떨어진다 수직의 국경을 넘고 있다

곳곳에 숨어 있던 색깔들 부스럭거리는 소리도 없이 튀어 나와 겹겹 쌓인다 한 줌 움켜쥐면 홍건하게 묻어 나겠다 봄 봄 봄

각시멧노랑나비 생강나무 노랗게 몸 밝히는

3— 여름

독 뿜는 나무를 본다 날 세운 소리들, 스치면 베일 것 같다 뭉텅뭉텅 걸어가는 푸른 관능 어쩌자고

쪽동백 가지에 뻐꾸기 소리 팽팽하게 감긴다

4— 가을

붉은 카펫이 깔리고 당단풍 사뿐 내려 앉는다 붉은 손바닥들, 익을 대로 익고 있다 물푸레나무 통과한 빛은 노랗게 붉나무 통과한 빛은 진홍빛으로

바스러지는 소리들로 붐비는 철,

무게로 출렁였던 숲 덮개가
사그락사그락 죽어 간다

혼인 비행을 끝낸 수캐미처럼
밖으로 나돌기만 하던 물기도 잦아들어 그 표정의 안쪽을 살핀다

별이 구르고 바람 뒤척이고

* 함민복 『모든 경계에 꽃이 핀다』에서 따옴.

와글거리는 꽃씨

꽃밭처럼 피었다 지는 하루살이 떼
한껏 부풀어
어느 날의 저녁이 둥글게 뭉쳐 있는 것 같다
흩어졌다 다시 모이는 가벼운 씨앗들
탱글탱글 여물어 간다

때가 되면 어김없이 피어오르는 꽃밭

시시로 저녁의 이마에 달라붙은 꽃씨
눈을 감았던 때나, 눈을 찡그렸을 때나
저 작은 씨앗 같은 호흡
붉게 발아되던 씨앗이 있었다

지나간 하루가 모여 와글거리는 기억,
꽃 지는 저녁만 눈가에서 귀찮겠다

천변의 어둑한 산책

와글거리던 검은 씨앗들이 발아하는지
저쪽 川건너 점점의 불빛들이 하나 둘 피어난다

살아있는,
어둑한 허공이 키우는 씨방들

떨어질 듯, 떨어지는 소리들

잠시 생각을 나뭇가지 위에 걸어보면 소리 나는 것들, 다 허공에서 온 것들이라는 생각

큰 눈 내린 날
오래 오래된 습관으로 한발 한발 건반을 누를 때마다 미끄러운 소리들
살아 있다는 듯
날개를 펄럭이며 사방으로 흩어진다
둥 둥 떠 있다

무게를 실으면 제 무게만큼 내려앉는 소리들, 비켜서는 것 같지만 피어나는 중이다

으스스 몸을 터는 나무들
사내 몇 등걸에 앉아 중턱에 이른 숨을 고르고 있다
가쁘게 튀어나와
부드러운 중얼거림으로 매달리는 말들

가끔 날짐승이 날개를 펼 것이고
발자국인양 나뭇잎 몇 떨어지기도 하겠지
나뭇가지에 쌓인 눈들 잠시 잠잠하겠다
구름 몇 조각 잇달아 떠다니겠다

사소하게 사소하게
떨어질 듯, 떨어지는 소리들
창천蒼天, 온갖 소리들이 바쁘다

노루귀

귀를 쫑긋 세워봐 볼록하게
여름은 쉬이 올 것이고
푸른 밤들에 주파수를 맞춰봐
꽃잎은 귀 생기기 전 잎을 다물 것이고
비 오는 날에는
어제보다 조금 더 쫑긋할지도 몰라

좋은 시절을 다 보내고 나서야 만든
예민한 귀
겁이 많은 귀
잠을 빼앗기는 귀
기척만 느끼는 귀
많은 봄을 설쳤을,
기웃거렸을

불안한 귀를 가질 수밖에 없는 건
귀가 생기기 전 이미

꽃으로 호사를 누렸기 때문이래

계절과 계절 사이에서 공손하게 쫑긋거리겠다 잔칫집처럼 무성하겠다 단순하고 쓸쓸한 귀, 모든 말들은 귀를 통과하듯 어제는 달빛을 흘려 보냈다

잎보다 꽃이 먼저 핀다지
꽃이 질 때쯤 돋는 잎이 노루귀를 닮았대
쫑긋거리며 귀를 탁탁 털며
쌀쌀한 시샘과 이야기 하는 귀
노루는 도망가고 귀만 남아 있대

검은등뻐꾸기

그날은 지고 마는 홀아비꽃대를 보기위해 숲으로 들었던 것인데 검은등뻐꾸기 울다 말고 울다 말고 다시 운다 호두알처럼 영근 소리들 떠다닌다 둥둥 날아서, 마음 한 자리 못 앉아 있는 마음

홀 딱 벗 고 홀 딱 벗 고

스님들 하안거에 들 무렵 벗으라고 홀딱 벗으라고 숨 달싹이는 검은등뻐꾸기, 미물에게 불경不輕은 불경佛經일 것 같아 괜히 내 얼굴에 온 여름이 다 몰려드는 듯 확확거렸는데 그래도 가만히 생각해 보니 틀린 말도 아닌 몇 마디 홀 딱 벗 고 홀 딱 벗 고

사람의 전생을 갖고 있는 새
그 계절 그 맘때 구전口傳으로 날아오르는 새들은 모두 사람의 말소리를 닮아 있다

홀 딱 벗 고 홀 딱 벗 고

목탁 소리를 반주로 검은등뻐꾸기가 운다

푸른 그늘에 들다

늙은 향나무 가지를 다듬는 가윗날에서
떫은 향기들이 뚝뚝 떨어지고 있습니다
푸른 불꽃 같던 침엽에서
오래 그늘을 거느리던 것들이 청록처럼 떨어집니다

생각하면 따끔한 기억 끝,

아흔여덟, 봉분이 된 할머니
어찌나 색을 탐하셨던지 울긋불긋 옷가지를 태웁니다
색깔들은 불을 따라가고
흰색만 펄펄 허공으로 날아오릅니다
주인 잃은 것들의 냄새가 이런 것이었구나
향나무 한 그루 오후 내내 서녘 쪽으로 푸른 조문이 늦습니다

바람이 불고 불들이 돌아눕듯 뒤척입니다
뭉텅뭉텅 잘려 나온 연기가 길게 풀어지고 있습니다

길을 묻지도 않고
서천 초행길을 잘도 따라 갑니다

뒤틀린 몸마다 지긋해진 향나무가 있고 색이 다 빠지고 냄새마저 날아간 빈 집 마당에 푸른 불꽃이 늙어가고 있습니다 사시사철이 온갖 색을 팔러 올 것이고 할머니 저 향나무에게 집안 열쇠를 맡겨 놓았을 테지요

안쪽의 문고리만 오래 삭아가는 세월입니다

상하지 않는 기억

팔순 노모가 토마토 몇 박스 보냈다

웃말 석호가 도마도를 바다처럼 큰 하우스 다섯 동이나 심었는데 요세 한창 이거 바치 벌건데 값이 싸서 인건비도 안 나와 뽑아내구 다른거 심는다구 따다 먹으래서 가 떠니 가지가 휘어지고 탱글탱글 을매나 달고 마싯던지 느덜 생각이 나 뎃 박스 땄다 오늘 부쳤으니 낼쯤 드러갈라나 오래 두구 머거도 된다구 하드라

그러고 보면 요즘 토마토는 들큰한 계절 맛이 없다

상하지 않는 기억,
풍경은 누렇게 바래고 사진 속 노모는 젊다
노모는 농사로 늙었으나
어쩐지 농사는 점점 더 젊어진다
방부제의 기억을 뚫고 허리 굽은 어머니가 걸어 나왔다
쉽게 상하지 않고 늙지도 않는 이 농법으로

팔순의 노모를 한 번쯤
경작하고 싶다

한 달째 무르지 않는 토마토를 먹다가
더 이상 무르지 않을 노모의 시간을 생각한다
묵정밭 한 귀퉁이를 골라 어떤 씨앗도 파종하지 않고
들꽃 피는 발효의 시간을 가묘家廟에 뿌려 둔다
머지않아 파종 될 노모의 밭

상하지 않는
요즘 밭에는 발효의 시간이 없다

마이 달리고 오래 가믄 좋은기지 그기 우째

다문꽃

4월 신랑

꽃들에게는 다 계절의 신랑이 있다
양지여서 따뜻했던 신랑, 절기는 4월 어디쯤을 건너고
토핑된 아지랑이는 불협화음으로 흔들린다
머리카락이 자꾸 공중으로 날리거나 자란다

봄에는 제비꽃만 피는게 아니어서
남몰래 다녀가는 사람이 있다
잠시 계절이 살다 간 양지에 제비꽃 통증이 무성하다
후 하고 불면 고여 있던 하늘이 비스듬히 흔들리고
입술 달싹일 때마다 바람의 맛이 쌀쌀하다

9월 정인

꽃들의 신랑은 다 처가살이다 잠시 계절이 와서 살다 가는 다문꽃, 암술과 수술이 성숙해도 꽃부리가 열리지 않고 자화 수분으로 씨앗을 맺는 꽃이 있다는데

혹시, 이것도 사랑일까 몰라

절기는 무더위를 지나고 제비꽃이 입을 다물었다
누군가 다문 입에서 반달이 보인다면
그건 명치에 정인을 들였다는 것
꽃잎 한번 열어 보지도 못했지 뭐,

계절은 꽃에서 나와
꽃으로 돌아간다

비결

햇살이 화요시장 모퉁이를 막 돌고 있다

한 평 담요를 두르고 앉아있는 노인, 돋보기가 정초를 훑고 있다
흐릿한 시력의 예감들과 복채가 건네지는 동안
이미 시력을 잃은 노인 대신 한 뼘이나 남았을까
닳고 닳은 추측이 불을 피하고 물을 피하고

연초, 신수가 궁금하기는 바람이나 햇살도 마찬가지
제 앉은 나뭇가지를 가늠으로 흔들어 보기도 한다
가끔 바람이 알아 듣기 힘든 문자들을 솎아가고
그 중 남은 것들 온갖 길흉을 피하다 보면
앉았다 일어서는 사람들마다 몸 안의 무게가 줄었거나 늘었거나

易, 우주질서가
콧등에 매달려 한나절 불안불안하다

주섬주섬 난전을 수습하는 오후
뚝, 관절에서 힘에 겨운 하루가 떨어지면
햇살은 오늘 중으로 비추어야 할 곳을 향해
산 하나를 막 넘는 중이다

별의 집착력

오랫동안 비어 있던 화분에 괭이밥이 어슬렁거리기 시작했다 허름한 별이 창가를 불규칙적으로 다녀가고 괭이밥, 습관처럼 정강이를 세웠다

오전 중간쯤이다 집 안의 물기가 마지막으로 머물다 가는 1205호 창가에 별이 뜬다

둥굴린 시간들이 상현 하현을 맴돌았다, 나비 떼처럼 창밖엔 눈 내리고 고양이 밥그릇만 한 화분에 별이 뜬다

겨우내 피고지고 피고, 음악처럼 별빛처럼 튀었다 씨앗들, 규칙은 없지만 규칙 같다

언제부터 이곳에 은하가 생겼을까 1205호 창가, 반짝거리지도 않는 별들이 열렸다 닫혔다 한다

하늘과 땅 사이 이토록 모호한 집착력을 본 적이 없다

제3부

도로남

가장 가까운 관계는
남남 속에 있다
뿌린 적은 없지만 어느 봄을 돌다가 불쑥
올라오는 복수초처럼 나타난다
같이 놀고 같이 먹는 동기들은 관계가 아니다
남남이라는 그 아득한 거리를 지키지 못할 때
그 중 견디지 못한 남남을 골라 님이 되는 일이 있고
그 님이 다시 견디지 못하여 남이 된다면
세상엔 남보다 더한 남이 무수히 많다
비어 있는 님의 곁에게
너그러울 수 없는 건 그 때문이다

우리는 각각 관계다
관계로 태어났고, 관계로 울었다

생각해 보면 참 좋은 님,

그러니까 님이 하나밖에 없다는 말은
어리둥절한 말이다
새로운 둘이 되면 하나는 반드시 남이 되는
불쑥, 관계는 관계처럼 찾아오는 일이기도 하여
집안에 낡고 굴러다니는 관계 하나가 있다

도로남이라는 노래가 있다
남이라는 글자에 점 하나를 지우면 님이 되고
그 님도 여분의 점 하나쯤은 반드시 가지고 있다는 노래
둘이 되면 하나는 남이 되는 장난 같은 인생사
점 하나에 울고 웃는

압정

나무를 잡고 있던 꽃잎들
바닥에 머리를 떨구고 있다
마음 멀리 보내 놓고 뜻 없이 바라보다
저것들 박혀있던 어느 마음 하나
지금쯤 꽤 아프겠다는 생각이 든다

상처는 늘 뒤쪽에 남는 것이어서

박혀 있던 시간만큼 온몸에 돋는 이 상처의 수런거림
늑골과 늑골 사이
화농만장 차곡차곡 개어져 있는
마음에게 압정은 무엇이었을까

아득한 처음, 돋아나는 새 잎처럼 푸르던 그때를
쉼이라 말해도 될까

여전히 마음은 끓고

한곳에 오래 그늘을 늘려 가기란 쉽지 않은 것이어서
가장 아름다운 때에 이르러
잡고 있던 마음 따끔, 내려놓는다

봄을 눌러 잡고 있던 꽃송이 압정

꽃 지고
꽃의 압정이 다 빠진 자리
초록이 흔들리고 있을 뿐

나물수업

쓴맛을 봐야 비로소 봄이다

봄나물 체험 행사, 냉이 꽃다지 점나도 망초 달래 달맞이 방가지똥 밥상위에 보약 냉이 속속이풀은 구별이 어려우니 냄새로 가려내고 애기똥풀이 냉인줄 알고 먹었다 낭패 보았다는 후일담 잎 뒤 뽀얀 털 있는 것은 지칭개 털 없는 것은 선씀바귀, 모두 봄에 얹혀 있는 이름들인데

털이 있다고?
선씀바귀, 섰다고?
깔깔깔
볼륨을 높일 때마다
파릇파릇한 것들도 쑥쑥 볼륨을 높인다

봄바람 빠지면 억세질 것들

한나절 햇살 음전히 내려앉은 둔덕

아낙, 엉덩이 틀고 앉아 가만 꽃잎 열었던 것인데
졸졸 개울물 만들었던 것인데
물큰한 흙냄새, 움쭐움쭐 힘줄 때마다 빳빳하게 꽃피운다
쓴맛 본 봄 말들
왁자하게 멀어져 가고
목숨들은 다시 여기저기 꽃 피우겠다

쌀쌀한 날들 쇠기 전

편도 2

새 잎처럼 푸르던 그때
생각나는 건 왼팔의 봄
계단을 오르는 반편마비 사내

어떤 손이 저이에게서 여름을 거두어 갔을까

버스에서 바라본 풍경은 오른쪽이었다
잠시 왼쪽의 꿈을 꾼 것도 같고
아주 잠시 전율이 이는 파란 홍분을 보았던 것도 같은데

중간을 지나 다시 구부러지는 지점
한쪽의 봄이 몽땅 한쪽으로 옮겨 있다
아직 움트지 않은 한쪽 가지
봄이 다 펴지고 이른 더위가 와도
저이의 팔은 아직 노란 새순도 피지 않았다

나는 지금 한쪽의 풍경을 바라보며 지나가고
저쪽 창가의 승객들은 잠에 들어 있다
한쪽이 한쪽을 끌고 가는 풍경
봄은 이리저리 옮겨 앉는다

가끔가끔 뒤척이는 사람들
다시 저 어둑한 잠으로 깊이 빠져들 듯

사내의 편도 저쪽은 지금 동면에 들어 있다

숲의 밤은 우울하다

컴퓨터 전원을 켜고
네이버 검색란에 따닥따닥
양치식물, 이미지 보기를 클릭한다

중생대에 번성했던 초식 공룡의 먹이

서늘한 물안개가
평행으로 걸려있는
양치식물들이 일가를 이룬 숲에서 공룡
그들의 역사를 듣는다
한 번도 대면한 적 없는 공룡을
해질녘 산 그림자처럼 눅눅한
포토앨범 숲에서 보는 것은
몸을 줄이고, 낮은 곳에 엎드려
혹독한 빙하시대를 의연히 견뎌낸
고사리의 원시적인 힘이다
폭군, 파충류의 제왕

육중한 몸, 줄이지 못해 멸종한 공룡
그들이 뛰놀던 무성한 숲은
인간들이 뛰노는 무대가 되었고 또,
누군가의 무대가 되리
지구를 넘실대는 해수면을 뚫고 나온
갸우뚱대는 수룡의 기다란 목이
데본기 이후의 고사리 숲을 응시한다
역동적인 부활이다

지금 지그시 베고 누운 세상을
언제까지 바라볼 수 있을지 아무도 모를 일이지만,
잠시 추억으로 멈출지도 모를 시간에 나는
일가를 이룬 양치식물
저물도록 드러눕지 못하는
우울한 숲의 밤을 보았다

女, 자

앙상한 나뭇가지에서 女자를 보았어 아양을 떨듯 다리를 꼬고 교태를 기다리고 있는 듯했어 엄동설한의 바람에게도 몸을 떨 수 있다는 것 고비 사막을 막 건너온 것 같은 기미, 아랫도리를 가로지른 장대 빗장이 풀릴 듯 말 듯 했어 잎 다 떨군 옥편 같은 나무에서 女, 자를 찾아보면 어느 거센 바람이 불어도 열리지 않겠다는 의지 같은 글자 그게 女자야

한 페이지를 잠그고 싶었던 것처럼 여름엔 잎이 무성했어 그때 나무는 여자처럼 흔들렸어 아니, 그 이파리들 속에 여자들이 가득 들어있는 듯 깔깔거렸어

흔들리지 않는 女가 되고 싶었던 것 영하의 기온, 수증기처럼 허옇게 얼어붙고 싶었던 것 거리가 점점 늘어나는 당신의 따뜻한 말들을 표준음에 맞게 고르고 싶었던 것 표본을 만들고 싶은 몇 글자의 한자를 찾고 싶었던 것,

단면을 채집하고 싶었어 헷갈리지 않게 포스트잇으로 이력을 붙여놓고 싶었어 女자,

잠겨있어 열지 못하는, 추울 때만 보이는 여자들이 있어 앙상한 나무 몇 그루를 베어버리고 싶을 때가 가끔 있어

후진

반듯한 주차선 핸들을 꺾었다 풀었다 하다보면 세상에는 참 角진 것들이 많다는 생각, 반사경으로 뒤를 보면 충분히 들어 갈 수 있겠다 싶은데 반듯하게 주차하기란 쉽지 않다 이 느낌마저 몰라보게 낯설거나 친숙하다

허공 한켠에 구름 몇 대가 주차 된 듯 정지되어 있고 말수 적은 바람은 노란 해바라기 씨앗 속에 주차 되어 있다 지금, 나만 제자리에 주차하지 못해 헤매고 있다 흘러가는 후사경들 정지 하고 싶은 시간들이 바퀴 사이를 빠져나간다

반드시 온 곳을 지나쳐야만 갈 수 있는 지점

걷기에는 참 좋은 별이고 달처럼 환한 날들을 보냈던 23, 27, 35, 37 나이와 inch에 주차하기 위해 안달을 한다 V라인 S라인 사이트를 기웃거리며 어디에도 없는 몇 년 몇 inch의 후진을 위해 숙련을 생각해 보지만 그저 흘러

갈 뿐인 풍경 이미 지나친 그곳엔 기억이 없다

반사경에는 왜 이리 빈 곳이 많은지

매듭

눈(芽)이라고 했다 불협화음으로 흔들리는 것들 아무데나 휘휘 뿌려도 싹이 되는

갈무리된 눈들이 처마 밑에서 지중지중 흔들린다 상추이거나 도라지이거나 눈, 첫 마디까지의 모양새로 묶인 매듭 꼭 그만큼 거리에서 처진 매듭 하나 숨을 내쉬거나 들이쉬고 있다

첫 마디를 넘겨야 안심하는 것은 바람을 부리기 때문, 별과 별 사이 머무름 없이 흔들렸기 때문이야 잘 말라야 양식이 늘어난다는 걸 알았거든 가벼웠고 다행히 낯설었고

왜 말라야 종자가 될까?

한번 뒹굴지도 않고 한번 울지도 않고 어떻게 제 이름을 찾아 크는지 땅속에서 불어가는 시간 길수록 별을 관

측하는 시간도 길었다 천체를 긁어본 적 없는 손톱에 별이 박혔다 이삭을 움켜쥐자 반뜩반뜩 별이 떠오른다

종자를 묶어 놓은 사람이 종자보다 먼저 풀어지는 경우도 있다는데, 자기 종자가 크는 것을 볼 수 있는 건 사람밖에 없다는데

컴컴한 땅속 씨앗들 제 매듭을 풀고 싹 틔우는 것, 겨우내 매듭진 봉지에서 흔들렸기 때문

지적도

땅따먹기 하다가 버리고 간 흔적, 지적도라는 말이 입에서 흘러 나온다 직선 또는 도형이 갈라질 듯 떨어질 듯 발랄하다 단조로운 지표면이 달빛을 가지고 논다

오늘은 운이 좋은 날, 살구꽃잎 와르르 떨어져 지번처럼 빽빽한 지적도를 주웠는데 가지고 갈 수가 없다 이긴 땅을 둘둘말아 집 한 채를 꿈꾼다

자벌레, 그 보폭으로 취득했을

손바닥을 가만히 보면 등고선이 온순하다 선과 선, 면과 면들이 수줍은 듯 실눈을 뜨고 있다 지적도라는 안도감이 귀뚜라미의 밤처럼 경쾌하다

사람은 누구나 지적도 하나씩 가지고 있다 그러니까 바늘 하나 꽂을 땅이 없다는 말, 그 사람은 자기 손금을 들여다보지 않은 사람이다 공터에 손바닥 두 개 버려져 있다

개미

두 바퀴를 밀고 가는 노인 뒤로 이어지는 오글오글한 무늬, 가끔 고개를 들어 나뭇잎을 물 듯 빈 박스만 보면 멈추는 바퀴, 허물어지는 것들은 껍질뿐인가 노인의 허리가 반쯤 굽어 있다 한쪽 바퀴는 집으로 가려하고 한쪽 바퀴는 두고 온 어딘가로 가려는 듯 서로 교차하는 무늬 잘록한 허리에 햇살이 반짝

여왕개미 날아오른다 민들망초 건들대는 철, 새까맣게 따라 오르는 수캐미들 꽃처럼 피어나는 발정이다 수캐미는 일생에 단 한번 마지막 사랑이 첫사랑이라 하였다 여운이나 회한을 갖는 것은 병이라 하였다 냠냠 햇살을 따먹는 여왕개미, 땅속 구멍이란 구멍 다 산실産室이겠다

실수로 밟은 일기예보, 줄줄이 피난 행렬이다 천석지기 구름내려 앉겠다 이런 날은 대부분 우산을 놓고 나오거나 빗줄기와 반대되는 색의 옷을 입고 나온다 온대 저기압이 길게 이어져 있는 오후 오늘은 구름 머리핀을 꽂고 나왔다

산수화

한철 비 맞는 것들, 공터에
산수화 한 점 산비탈처럼 누워 비를 맞는다
원목 액자 같은 아침
참새 부리처럼 돋아난 버들잎 아래
물길이 얼룩져 있다
춘삼월 지난 봄밤 같다
한때 수직으로 물길을 흘려 뉘 집 벽을 얼룩지게 했을
실개울 소리들은 다 어디로 흘러갔을까
가재도구들을 곁에 부려놓고
잠에 빠져 있다
후드득, 소리들만 튀어 오르는 투명한 풍경
마블링처럼 비틀대는 빗방울
풍경이 가득하다

내가 함부로 했던 시절에는 장마의 기압골이
다녀갔는지도 모를 일

비가 오고 마르는 동안
가로등 아랜 저녁의 걸음만 바쁘다
누군가 액자 속 한창 나폴거리던 잎과 개울을 도려가고
공터에 어둠만 가득 세 들어 있다
풍경이 옮겨간 몇 조각
젖살 오른 별이 소란스럽다

봄이었나
꽃이 피었었나
무성했던 잎 하나 둘 떨어지고
그곳에 언제 꽃이 피었는지도 모르게 지더니
어느 날 불쑥
낡아지고 빛바랜 산수화 한 점

연리지

가까이 자라는 두 나뭇가지 서로를 스칠 때
두고 온 중심에서 멀어진 가지는
돌아갈 수 없는 마음 같은 것

알루디디* 들창문 밀치듯 그 이름 살짝 부르면
나마스떼 형광 같은 미소를 띠는 그녀
네팔 산골마을에서 한반도 두메까지
어떤 길이 놓여 있어서
내통이 가능했던 걸까

어린 시간이 자라는 동안 저 둘은 어느 거울을 마주 보았을까
한 몸 이룬 가지 사이
꽃들이 드나들고
서툰 부끄러움 같은 것이 나무에서 나무로 오고 가겠지
그림엽서 주소를 찾아가듯
바람을 나누어 입겠지

그 나무 그곳에서 팔을 구부려 흔들렸을 때
이곳 저 나무 손등에는
몇 개의 소름이라도 돋았을까

촉촉하게 달뜬 열아홉,
꽃잎 같은 그녀
쉰둘, 뭉툭해진 사내의 뒤늦은 중심이
알루디디
꽃가지에 물길을 보내고 있다

* 알루디디 : 네팔에서 시집 온 여자 이름.

싱싱한 잎

눈 오는 날
집 앞까지 왔다가 문이 열리지 않아 되돌아간 발자국 따라가 본적 있다
굴참나무 잎처럼 어긋나기거나
화살나무 잎처럼 마주나기로 눈밭에 돋아난 싱싱한 잎
문 닫고 있었던 시간,
그 단단한 칩거가 꼭꼭 찍혀 있다
다시는 잎 뒤집지 않겠다는 듯 비장하다

잠깐 나타났다 사라지는 징후들

어느 지점에서는
뒤축이 시닥나무 잎처럼 결각이 나 있다
눈 위에 돋아난 잎, 잎
손뼉을 치듯 자꾸 펄럭인다

바람은 아무 내색 없었지만

하루 만에 녹아떨어진 잎

다음 날 발자국은 나와 다른 색의 옷을 입고 다닌다는
소문이 돌았다

이제 빗장 따윈 필요 없다

망가진다는 것

다 새것이었던 것, 서로 눈여겨보았던 것들이
한 번은 만나는 일생의 중간쯤
은행 앞 올 풀린 청바지에 비니를 눌러쓴 사내
꺾이고 휘어진 우산의 잔뼈를 매만지고 있다
눌렀다 폈다
햇살에 눌린 소리들이 연신 착하게 굽실거린다
간간이 바람이 다녀간다

바람은 접혔다 펴지고,

돌아보면 모두 힘겹게 붙어 있거나 곧 떨어질 나뭇잎 같은 것들
뒤척이던 햇살 슬며시 물러나고
휘어진 척추 꼿꼿하게 일어선다
푸드덕푸드덕 만국기처럼 펼쳐진다
웅크렸던 사내의 정맥이 펄떡이고
잡목 어우러진 여름이 푸른 허파로 숨을 쉰다

다리 골절로 정형외과를 찾았다
어긋난 뼈를 바로 잡고
각설탕처럼 조각난 경골에 철심을 박았다
펼 수도 접을 수도 없던 발목,
어느 길은 접고
어느 길은 펼쳐 수선하듯 걸음을 만들 것이고

몇 차례 묶였던 물기들이 비로 내리는 은행 앞
뒤늦게 돋아나는 푸른 색실들

편도 1

꼬인 것도 질서가 된다 나팔꽃 줄기가 탈탈 깍지를 털어내고 있다
마지막 눈물인 듯 눈 질끈 감는다 한 몸에서 자라 제각기 흩어진다 오랜 현기증을 터뜨리는 중이다

쓸모없는 공터 풀숲 밑에 가만히 손을 얹어본다 수많은 봄들이 두근두근 잠들어 있다 여름인데 봄날은 줄기의 기억을 꼬아 깊은 잠에 들어 있다 현기증이 남아 있는 마을회관 앞 팽나무 허리에 매달린 확성기가 부럽다 줄과 줄기의 나팔, 꽃과 소리의 입이 한 나무에서 철을 보낸다

한번 온 길을 찾지 못할 것이다
되돌아가지 않으려 저가 온 길을 마구 흐트려 놓은 마음
한번 핀 일생 오르내리지 못하는 헝클어진 늦여름
편도의 길이가 길다

평생 덩굴손을 휘젓던 아버지는 지금

무성한 풀섶 아래 누워 있다
조만간 가을은
여름을 벌초하러 오겠다

발자국

흰빰검둥오리 부부 잘박잘박 수면을 걸어간 흔적, 구겨졌다 펴지는 물결을 바라봅니다 걸어가면서도 저렇듯 고운무늬 만들 수 있다니요 말하자면 저것은 물 위 것들의 발자국인 셈이지요 속치마 주름 사이로 얼비치는 아찔함 같기도 하고 바람이 걸어가며 흘린 무늬 같기도 하고 몸속 깊이 숨겨진 이야기 같기도 합니다

살아 있다는 것은 결이 있다는 것,

잘 기억나진 않지만
하루하루 살아온 뒤 끝, 수없이 생겼다 지워졌을 무늬
너무 깊어 꺼내 볼 수 없는 사람, 그 깊이만큼이나 웃음이겠다 싶은 날에도
앙다문 견고함이 찍고 갔을
무늬, 무늬들

바람이 입김을 후후 불어

물 밖으로 밀어 낸 물 안의 주름들이지요

지나가면서 밀어내는 흔적 혹,
그래도 남아있을 온몸의 발자국을 지우는
오르막도 내리막도 모두 속으로 있다지요
말하자면 저것은 바람의 발자국이라지요

넝쿨의 힘

출렁출렁 계절을 횡단하던 칡넝쿨 아스팔트까지 뻗어 나왔다 어디론가 급히 떠나려는 것 같은데 반쯤 녹은 여름이 발목을 감고 있다 스스로 감아 놓은 넝쿨이다

신작로까지 여자가 뛰어 나왔다 사내는 여자의 머리끄덩이에서 욕설을 찾은 듯 거칠다 여자는 지나온 길을 금세 잊어버렸는지 허공을 향해 넝쿨손을 휘젓는다 바람이 치맛자락을 들출 때마다 허벅지를 감고 있던 넝쿨이 일렁인다 멍자국도 넝쿨이다

칡꽃이 피는 철,
어린 것에게 젖꼭지를 물리는 여자
아이의 목으로 칡순 같은 젖줄기가 넘어간다
엉키지 않으면 살 수 없다는 듯,
다시 넝쿨 속으로 돌아가는 발자국
어둑한 저녁 칡잎이 포개진다

해설

순연한 기억과 애잔한 서정의 파동들

—신준수의 시세계

유성호(문학평론가, 한양대 교수)

1.

두루 알다시피 '시(詩)'의 본래적 거처는 절실하고도 남다른 자기 확인의 욕망에 있을 것이다. 그것이 나르시시즘 차원의 자기 도취이든, 고통스런 반성을 동반한 자기 성찰이든, 시의 무게중심이 시인 자신의 자기 검색과 확인에 있음은 잘 알려진 사실이다. 물론 주체와 대상 사이의 날카로운 균열이나 갈등 양상을 포착하고 드러내는 이르는바 비동일성의 미학까지 포괄하는 것이 우리 시대 서정의 원리이기는 하지만, 그럼에도 서정의 근원적 자기 회귀성이 위축되지는 않는다. 그런데 이러한 자기 회귀성은 사물에 대한 각별한 의미 부여와 함께 그것을 자신의 삶의 국면과 등가적 원리로 결합하는 은유 원리로 곧잘 이어진다. 물론 그것은 사물과 주체의 긴밀한 조응을 시인 자신의 시선으로 수렴하고 해석하는 측면에서는 가장 중요한 원리이지만, 사물을 사물 자체의 본성으로 발견하고 재현하는 측면에서 보면 가장 취약한 것이기도 하다. 하지만 시의 자기 회귀성이라는 것이 용인된다면, 시인 자신의 시선으로 사물의 고유성을 발견하고 그 응시의 힘으로 삶의 태도와 자세를 성찰하는 은유 원리는 결코 포기되지 않을 것이다. 그리고 그 힘으로 다시 사물들에게 활력과 생명을 불어넣는 시적 상상의 과정 또한 소진되지 않을 것이다. 요컨대 이러한 회귀와 성찰의 양면성은 우리에게 서정의 원리와 이를 통해 확산해가야 할 시의 몫에 대해 깊이 생각하게 해준다.

신준수 시인의 첫 시집 『매운방』(애지, 2014)에는, 시인의 감각과 사유가 지향하고 매개하는 여러 자연 사물들이 가지런하고 빽빽하게 들어차 있고, 그 안에서 회귀와 성찰의 다채로운 과정을 보여주는 시인의 심미적 상상력이 가득 펼쳐져 있다. 물론 하나하나의 사물들은 제각각의 영역과 존재론적 표지(標識)를 가지고 있고, 어떤 사물이 다른 것의 조연이나 배경으로 떨어지지 않는 기막힌 자율성과 개성을 지니고 있다. 그만큼 사물 모두에게 저마다의 시선과 정성을 주고 있는 신준수 시인의 따뜻하고도 섬세한 성정이 착실하게 만져진다 할 것이다. 그리고 그러한 자연 사물을 향한 시인의 기억은 스스럼없는 활력으로 나타날 때도 있고, 이제는 희미하게 사라졌거나 흐릿하게 남은 잔상으로 다가올 때도 있다. 그래서 신준수 시학의 정서를 집약해본다면, 지금은 부재하는 것들을 소중히 안아 들이는 애잔함과 그에 대한 호환할 수 없는 애착이라고 할 수 있을 것 같다. 그 순연한 기억과 애잔한 서정의 파동들 속으로, 그 강렬하고도 애틋한 사물의 구체성 속으로, 한번 들어가 보자.

2.

가장 먼저 신준수 시학이 집중적으로 할애하고 있는 착상과 표현은, 자연 사물에서 비롯하는 정서적 울림과 파동이다. 그 울림과 파동은 때로는 활력에 찬 에너지를 때로는 처연한 소멸 과정을 담고 있는데, 한결같이 자연 사물들의 구체적 외관과 생태에 대한 섬세하고도 실물감 있는 관찰과 묘사의 결실이 아닐 수 없을 것이다.

한철 비 맞는 것들, 공터에
산수화 한 점 산비탈처럼 누워 비를 맞는다
원목 액자 같은 아침
참새 부리처럼 돋아난 버들잎 아래
물길이 얼룩져 있다
춘삼월 지난 봄밤 같다
한때 수직으로 물길을 흘려 뒤 집 벽을 얼룩지게 했을
실개울 소리들은 다 어디로 흘러갔을까
가재도구들을 곁에 부려놓고
잠에 빠져 있다
후드득, 소리들만 튀어 오르는 투명한 풍경
마블링처럼 비틀대는 빗방울
풍경이 가득하다

내가 함부로 했던 시절에는 장마의 기압골이
다녀갔는지도 모를 일

비가 오고 마르는 동안
가로등 아랜 저녁의 걸음만 바쁘다
누군가 액자 속 한창 나폴거리던 잎과 개울을 도려가고
공터에 어둠만 가득 세 들어 있다
풍경이 옮겨간 몇 조각

젖살 오른 별이 소란스럽다

봄이었나
꽃이 피었었나
무성했던 잎 하나 둘 떨어지고
그곳에 언제 꽃이 피었는지도 모르게 지더니
어느 날 불쑥
낡아지고 빛바랜 산수화 한 점

—「산수화」 전문

으레 '산수화' 라고 하면 고색창연한 자연 사물들을 미적으로 완상(玩賞)한 그림을 떠올리게 된다. 그 안에는 조화로운 황금률에 의해 정제된 자연 사물들이 질서 있게 도열해 있게 마련이다. 그런데 시인은 다소 이례적으로 비 내리는 '공터' 를 대상으로 하여 산수화를 보여준다. "한철 비 맞는 것들" 이 말하자면 "공터에/ 산수화 한 점" 으로 얼비치고 있는 것이다. "원목 액자" 같은 아침에 얼룩진 물길이 버들잎 아래로 나 있는데, 그렇게 거기에는 한때 수직으로 물길을 흘렸던 "실개울 소리들" 이 그저 깊은 잠에 빠져 있고 "후드득, 소리들만 튀어 오르는 투명한 풍경" 만이 오롯할 뿐이다. 오랜 시간 "비가 오고 마르는 동안" 시인은 "누군가 액자 속 한창 나폴거리던 잎과 개울을 도려가고"

이제 어둠만 가득 남겨놓은 공터를 처연하게 바라볼 뿐이다. 아닌 게 아니라 "풍경이 옮겨간 몇 조각" 옆으로 소란스레 봄을 알리던 잎들이 다 떨어지고 어느새 "불쑥/ 낡아지고 빛바랜 산수화 한 점"만 남았지 않은가. 이 아름다운 몽상적 시편 속에는, 피었다가 지고 얼룩지게 했다가 사라져간 사물들의 오랜 시간이 담겨 있다. 결국 '공터'라는 공간에 남겨진 "산수화 한 점"은, 커다란 활력으로 존재했던 사물들이 차츰 낡아져가는 시간 자체를 은유하는 셈이다. 자연 사물들의 생성과 소멸 그리고 그 흔적의 양상을 삶의 그것으로 치환하게끔 이끌고 있는 시편이라 할 것이다.

귀를 쫑긋 세워봐 볼록하게
여름은 쉬이 올 것이고
푸른 밤들에 주파수를 맞춰봐
꽃잎은 귀 생기기 전 잎을 다물 것이고
비 오는 날에는
어제보다 조금 더 쫑긋할지도 몰라

좋은 시절을 다 보내고 나서야 만든
예민한 귀
겁이 많은 귀
잠을 빼앗기는 귀

기척만 느끼는 귀
많은 봄을 설쳤을,
기웃거렸을

불안한 귀를 가질 수밖에 없는 건
귀가 생기기 전 이미
꽃으로 호사를 누렸기 때문이래

계절과 계절 사이에서 공손하게 쫑긋거리겠다 잔칫집처럼 무성하겠다 단순하고 쓸쓸한 귀, 모든 말들은 귀를 통과하듯 어제는 달빛을 흘려보냈다

잎보다 꽃이 먼지 핀다지
꽃이 질 때쯤 돋는 잎이 노루귀를 닮았대
쫑긋거리며 귀를 탁탁 털며
쌀쌀한 시샘과 이야기하는 귀
노루는 도망가고 귀만 남아 있대

—「노루귀」 전문

지금 시인의 툭 트인 시선과 섬세한 관찰은 '노루귀'라는 생명에 동시에 꽂혀 있다. 물론 여기에는 '노루귀=노루+귀'라는 일종의 언어유희(pun)가 개입하고 있다. 원래

'노루귀'는 털이 돋은 잎이 나오는 모습이 노루의 귀 같다고 하여 생겨난 이름이다. 그래서인지 '노루귀'를 두고 시인은 '귀'에 관한 담론을 이어간다. 아닌 게 아니라 푸른 밤들에 주파수를 맞춘 꽃잎은 비오는 날 조금 더 쫑긋해지지 않는가. 그렇게 많은 봄을 설치면서 기웃거렸을, 예민하고 겁 많고 잠을 빼앗긴 채 기척만 느끼는 '귀'는, 이제 불안하고 단순하고 쓸쓸하게 남겨졌다. 그리고 시인은 쌀쌀한 시샘과 이야기하면서 시간의 흐름을 듣고 있는 '귀'를 통해, 역시 자연 사물들 사이의 신비로운 교감과 소통의 시간을 그리고 있다. 그러니 이 작품 역시 '노루귀'를 통해 그린 일종의 '산수화'인 셈이다. 그 오랜 시간 안에는 "하루가 모여 와글거리는 기억"(「와글거리는 꽃씨」)도 있고, "컴컴한 땅속 씨앗들 제 매듭을 풀고 싹 틔우는"(「매듭」) 과정도 있다. 마치 "고목을 뚫고 툭툭 튀어나오는 춘심"(「스르륵, 봄」)처럼 피고 이울고 다시 돋아나는 사물들의 생태학이 시간 자체를 성찰하게 만드는 힘을 가지고 있다. 하지만 무엇보다도 여기서 '노루귀'는, 사물들의 움직임을 들을 줄 알면서도 쓸쓸하고 불안하고 예민하게 남은 시인 자신에 대한 은유로 다가온다 할 것이다.

3.

다음으로 신준수 시인은 이번 첫 시집을 통해 자신의 존재론적 기원(origin) 안에 웅크리고 있는 애틋한 기억들을 찾아 나선다. 지금의 자신을 가능하게 했던 오랜 기억을, 인생론적 성찰의 시간으로 옮기는 모습을 보여준다. 그러한 과정을 통해 시인은 남다른 기억의 깊이를 탐색하고 표현한다. 그러면서 우리들 생이 결국 시간의 흐름 위에 놓여 있음을 노래하고, 기억 속에 눌어붙어 있는 가족의 삶이 누구에게나 가장 깊은 기억의 뿌리이자 지나온 시간을 거슬러오를 수 있는 일차적 실재임을 증언한다. 이때 시간을 역류하는 기억은, 과거를 단순히 재현하는 것이 아니라, 지난 시간들을 원초적 경험의 형식으로 치환하고 동시에 그것을 현재의 삶과 연루시키는 적극적 행위로 몸을 바꾼다. 신준수 시인은 바로 그러한 기억을 통해 자신의 가파른 존재론적 기원을 노래한다. 다음 기억의 시편을 읽어보자.

줄공책입니다 보습 지나간 자리 햇살 머무는 곳마다 거름 냄새 가득합니다 쓰고 그리기에 맞춤한,

소작농이었던 아버지에게도 빽빽하게 잎 나부끼던 밭이 있었습니다

종유석 같은 얼음이 아름으로 자라던 날 이랑에서 이랑으로 흘러 다니던 한 농사꾼 며칠 앓던 신음을 데리고 감자밭 귀퉁이에 파종되었습니다 품앗이 하듯 모여들어 한 겨울의 이른 파종을 마치고 이삭 줍듯 유품을 정리하다 거기, 씨앗 묻듯 또박또박 눌러쓴 농사일지

페이지를 넘길 때마다

옥수수가 싹을 틔우고 논에 피를 뽑고 또 어느 페이지는 가뭄으로 속이 타고, 수십 장에 적힌 곡식들만으로도 겨우내 배불리 먹을 수 있었을까요? 손끝, 봄에서 여름으로 가는 페이지가 얇습니다

행간마다 온갖 씨앗이 또록또록 굴러다니고 있습니다

—「싹트는 행간」 전문

보습 지나간 밭은 꼭 줄이 쳐진 '줄공책'의 모습과 흡사하다. 무언가를 쓰고 그리기에 맞춤한 "빽빽하게 잎 나부끼던 밭"은, 소작농이셨던 '아버지'가 삶을 써가신 '줄공책'으로 자연스럽게 은유된다. 아버지가 남긴 '유품'에서 발견한 "거기, 씨앗 묻듯 또박또박 눌러쓴 농사일지"를 보

면서 시인은 페이지를 넘길 때마다 농사일의 과정적 구체성과 함께 가뭄으로 속이 탔던 아버지의 노동 시간을 함께 읽고 있다. “수십 장에 적힌 곡식들”과 함께 “봄에서 여름으로 가는 페이지”는 비록 얇지만, “행간마다 온갖 씨앗이 또록또록 굴러다니고” 있음을 보면서 ‘아버지’의 고단했던 삶의 흔적을 소중하게 바라본다. 그렇게 그분이 남긴 ‘줄공책’의 행간마다 싹이 트는 상상을 통해 시인은 “살아 있다는 것은 결이 있다는 것”(「발자국」)을 아름답게 노래한다. 비록 “평생 덩굴손을 휘젓던 아버지는 지금/ 무성한 풀섶 아래 누워”(「편도 1」) 계시지만, 마치 “바람을 채록하는”(「꽃들은 다 가렵다」) 습관처럼 그렇게 아버지의 삶과 노동의 기억을 남기고 있는 시인의 정성은 큰 울림을 남긴다. 그 ‘싹트는 행간’에 역시 “농사로 늙었으나”(「상하지 않는 기억」) 사진에서는 여전히 젊으신 어머니에 대한 애잔한 기억도 함께 남겨져 있는 것이다.

나는 최초로 입안에 연기를 물었다 풍선처럼 볼을 부풀렸고, 최초로 몽롱했고, 최초로 날개를 가졌다 아프던 충치 하나가 콜록거렸다 불모지를 막 건너온 바람이 아지랑이 속에서 일렁거렸다

때때로 치통이 도지면 할머니는 긴 곰방대를 내미셨다

누구에게나 그날이 있다 되뇌는 날짜로 앞으로 혹은 뒤로 걷다보면 누군가 빼꼼, 훔쳐보는 그런

목에 갇혀 간질간질하던 이름 하나가 연거푸 튀어 나올 것 같았다 미덥지 못한 요법, 그걸 꼭 믿은 건 아니지만 달뜬 마음으로 까무룩 잠이 들었고, 아침에서 저녁까지의 거리가 짧았다 그때 나는 일곱에 하나를 더한 나이, 입 안에서 연기가 길게 풀어지고 있었지만 눈은 아리지 않았다 꼭 감았기 때문 머릿속이 몽롱하고 발끝도 몽롱, 눈 감으면 풍경이 도망가지 않아서 좋았다

보루 개비 쌈지 그 이름 생각할 때마다 마른기침이 났다 헛것과 헛것, 뭉텅뭉텅 잘려나가는 현상이 아팠다 푸른 불꽃이 늙어갔다 아무렇게나 비벼 끈 시간들이다

키를 높인 첫키스에서 그때 그 연기 맛이 났다 중추에 보일러 돌아가는지 얼굴이 후끈 달아올랐다 이름을 알 듯 말 듯한 옆구리 붉은 새 한 마리가 하늘을 횡단하고 있다

—「기억 무렵」 전문

여기에는 시인에게 각인된 두 가지 '최초의 기억'이 있

다. 최초로 입안에 연기를 물었던 기억과 '첫키스' 의 기억이 그것이다. 몽롱함과 함께 찾아온 순간적이고 상상적인 날개로서의 그 첫 기억은, "누군가 빼꼼, 훔쳐보는" 그런 날들로 시인에게 남아 있다. 비록 여덟 살 때 할머니가 치통 요법으로 주셨던 기억이지만, "보루 개비 쌈지" 같은 이름을 생각할 때마다 그 "아무렇게나 비벼 끈 시간"은 시인의 눈앞을 스쳐간다. "키를 높인 첫키스"의 기억과 함께 찾아온 "연기 맛"의 기억은 그렇게 늘 새로워진다. 아마도 이 시편은, 할머니와 어린 시인 사이에 일어났던 짧은 삽화를 품은 채, 시인이 자라 '첫키스' 에 다다랐을 때까지의 성장서사를 기저(基底)로 하고 있다. 그 안에는 "자잘한 통증"(「딱,」) 때문에 마련되었던 할머니의 믿을 수 없는 요법이 있는데, 이제 "아흔여덟, 봉분이 된 할머니"는 시인에게 "오래 삭아가는 세월"(「푸른 그늘에 들다」)과 함께 아릿한 기억을 남겨주신 것이다.

이처럼 신준수 첫 시집의 한켠을 가로지르는 에너지는, 지나간 날들에 대한 회억(回憶)과 그것을 자신의 현재형으로 끌어올려 성찰하는 과정에서 발원한다. 그래서 그녀의 '기억 무렵' 은 단순한 과거 재생의 시간이 아니라, 존재론적 연속성을 가능케 하는 '최초' 의 기원으로 점점이 번져온 셈이다.

4.

대체로 서정시는 상상과 실재 혹은 꿈과 현실 사이에서 착상되고 발화된다. 한 편의 시 안에서 감정 과잉에 의해 감싸인 꿈이나, 이성의 철저한 통제에 의해 파악되는 현실은, 모두 삶의 복합성을 불구적으로 반영한 것일 수밖에 없다. 따라서 우수한 서정시는 우리의 복합적 삶을 순간적으로 드러내면서도, 그것을 치유할 수 있는 상상적 대안 세계를 상징적으로 마련하여 꿈과 현실의 복합적 접점을 풍요롭게 그려내게 마련이다. 자연스럽게 그것은 우리를 둘러싸고 있는 불모의 현실과 그것을 견디고 치유하려는 꿈 사이의 긴장에서 발원되고 있는 신생의 기록으로서, 생의 불구성과 싸우면서 그것을 치유하려는 긍정적 열망에 의해 완성되는 어떤 것이 된다. 이로써 우리는 서정시가 개인적 감정의 숙주나 개체적 발화 양식만은 아닌 것을 알게 된다. 오히려 서정시는 적극적 삶의 의지가 숨쉬는 언어의 집이요, 그것을 통해 세상과 만나고 세상을 열려는 촘촘한 열망의 상상적 기록인 것이다. 그 점에서 우리는 신준수 시인의 작법 역시 소멸과 신생의 원리에 즉(卽)해 있는 삶의 양상들에 대한 긍정적 열망에 의해 깊이 감싸여 있다고 말할 수 있다.

햇살이 화요시장 모퉁이를 막 돌고 있다

한 평 담요를 두르고 앉아 있는 노인, 돋보기가 정초를 훑고 있다
흐릿한 시력의 예감들과 복채가 건네지는 동안
이미 시력을 잃은 노인 대신 한 뼘이나 남았을까
닳고 닳은 추측이 불을 피하고 물을 피하고

연초, 신수가 궁금하기는 바람이나 햇살도 마찬가지
제 앉은 나뭇가지를 가늠으로 흔들어 보기도 한다
가끔 바람이 알아듣기 힘든 문자들을 솎아가고
그 중 남은 것들 온갖 실흉을 피하다 보면
앉았다 일어서는 사람들마다 몸 안의 무게가 줄었거나 늘었거나

易, 우주질서가
콧등에 매달려 한나절 불안불안하다

주섬주섬 난전을 수습하는 오후
뚝, 관절에서 힘에 겨운 하루가 떨어지면
햇살은 오늘 중으로 비추어야 할 곳을 향해

산 하나를 막 넘는 중이다

— 「비결」 전문

'비결(祕訣)' 이란 남이 알지 못하는 자기만의 독특하고 효과적인 방법이기도 하고, 앞날의 길흉화복을 미리 보아 그 내용을 알 수 없도록 적어 놓은 글이기도 하다. 신준수 시인은 햇살 드는 '화요시장 모퉁이' 에서 "한 평 담요를 두르고 앉아 있는 노인" 이 정초에 복채를 받고 점을 보는 장면을 묘사한다. 돋보기를 쓴 노인의 흐릿한 '예감' 과 닳고 닳은 '추측' 이 '비결' 의 속성을 잘 말해준다. 하지만 '연초' 인지라 바람도 햇살도 자신들 신수가 궁금한지 "알아듣기 힘든 문자들" 을 솎아가면서 길흉을 피하는 '가늠' 을 하고 있지 않은가. 하지만 그렇게 "易" 에 우주 질서가 매달려 있어 한나절 불안했던 사람들은 어쩔 수 없이 "힘에 겨운 하루" 와 마주칠 수밖에 없다. 진정 "오늘 중으로 비추어야 할 곳" 을 향해 "산 하나를 넘는" 것이야말로 그 불안함을 넘어서는 삶의 구체적 '비결' 이었던 것이다. 그래서 이 시편은 "잠깐 나타났다 사라지는 징후들" (「싱싱한 잎」)보다는 구체적인 사람살이에 대한 시인의 강한 긍정과 애착이 묻어나고 있다 할 것이다.

버려진 하천부지 고만고만한 뙈기밭 살붙이처럼 붙어있

는데요 상추 파 쑥갓 고추 토마토 가지 시금치 얼갈이 오밀조밀 어깨 겨누고 있는 그게, 한 땀 한 땀 이어붙인 조각보입니다

꾸불텅꾸불텅 민달팽이
육필 선연한
푸진 밥상입니다

세상에 밥을 탐하는 것들

시장기 급한 여름이 확, 밥상보 걷어내듯 물길이 휩쓸고 간 지난해 덜 익은 것들 날것으로 쓸려간 밥상머리 몇 남은 건건이 일으켜 궁궁 지시내 박딘 노인을 오늘 다시 봅니다

조심조심 밥물 맞추듯 푸성귀 매만지는 남루한 저 손길도 언제 쓸려갈지 모르는 밥상처럼 위태위태합니다

허겁지겁 허기 속으로 잦아든 초록의 밥상이나 초록에서 여물고 있는 씨앗들 묵정밭 같은 저 손에 다시 씨앗 떨굴지도 의문입니다

비어있는 밭이라야 다시 씨앗 묻을 수 있듯 가보지 않은
저쪽 어디 빈 밭을 점찍어 두었을지도 모르지요

맨처음 고개 숙이고 나오던 물음표 같은 떡잎처럼
저 노인 구부정한 것이 새싹을 닮았습니다
곧 어느 곳으로든 옮겨질 모종처럼 말입니다

—「조각보」 전문

시인의 등단작이기도 한 이 시편은, '조각보' 를 통해 삶을 성찰하는 시인의 품이 돋보이는 가작이다. 역시 은유적 발상과 표현이 아스라한 여운을 남긴다. 시인은 "버려진 하천부지" 에 살붙이처럼 붙어 피어난 오밀조밀한 나물들, 열매들을 "한 땀 한 땀 이어붙인 조각보" 로 명명한다. '조각보' 라는 것이 원래 여러 조각의 자투리 천을 모아 만든 보자기이니, 그 식물들은 한 조각 한 조각의 자투리 천이 된다. 지난여름에 덜 익은 것들이 모두 물길에 쓸려간 밥상머리를 지키던 노인을 생각하면서, 시인은 그 "조심조심 밥물 맞추듯 푸성귀 매만지는 남루한 저 손길" 에 지극한 연민을 쏟는다. 그렇게 "허기 속으로 잦아든 초록의 밥상이나 초록에서 여물고 있는 씨앗들" 이 과연 "묵정밭 같은 저 손" 으로 다시 찾아올지, "가보지 않은 저쪽 어디 빈 밭을 점찍어" 두었을지, 시인은 그 노인의 구부정한 등을 바

라보면서 "곧 어느 곳으로든 옮겨질 모종"을 상상해본다. '밥상—조각보—노인' 으로 이어지는 연상 과정이, 생태적이고 인생론적인 은유를 지지대로 삼고 있다 할 것이다. 결국 이 시편은 "바스러지는 소리들로 붐비는 철"(「경계마다 꽃이 핀다」)을 따라 "머잖아 멸종될"(「깽깽이풀꽃」)지도 모를 저 애틋하고도 아름다운 삶과 그 기억을 통해 삶의 상처와 통증을 넘어서려는 긍정적 열망의 결실이 아닐 수 없다. 그렇게 신준수 시학의 진정한 에너지는 삶에 대한 궁극적 긍정에서 온다.

5.

원래 시쓰기란 사물의 구체성을 발견하고 그에 상응하는 시인의 상상적 반응이 따르는 과정이다. 다시 말하면, 삶의 보편성을 환기할 수 있는 구체적 사물을 발견하고, 거기에 개성적이고 역동적인 해석 과정을 덧붙이는 과정이다. 물론 이러한 구체성이 물질성이나 쇄말성을 뜻하는 것은 아니다. 신준수 시인은 구체적 사물이나 상황을 시적 질료로 삼으면서도, 그 물질성 안에 철저하게 갇히는 것이 아니라, 근원 지향의 시정신을 통해 삶에 대한 일종의 형이상학적 충동을 충족하려 한다. 그 점에서 그녀 시편에는 사물의 구체성과 근원 지향성이 잘 통합되어 나타나게 된다.

잠시 생각을 나뭇가지 위에 걸어보면 소리 나는 것들, 다 허공에서 온 것들이라는 생각

큰 눈 내린 날
오래 오래된 습관으로 한발 한발 건반을 누를 때마다 미끄러운 소리들
살아 있다는 듯
날개를 펄럭이며 사방으로 흩어진다
둥 둥 떠 있다

무게를 실으면 제 무게만큼 내려앉는 소리들, 비켜서는 것 같지만 피어나는 중이다

으스스 몸을 터는 나무들
사내 몇 등걸에 앉아 중턱에 이른 숨을 고르고 있다
가쁘게 튀어나와서
부드러운 중얼거림으로 매달리는 말들

가끔 날짐승 날개를 펼 것이고

발자국인양 나뭇잎 몇 떨어지기도 하겠지
나뭇가지에 쌓인 눈들 잠시 잠잠하겠다
구름 몇 조각 잇달아 떠다니겠다

사소하게 사소하게
떨어질 듯, 떨어지는 소리들
창천(蒼天), 온갖 소리들이 바쁘다

—「떨어질 듯, 떨어지는 소리들」 전문

'소리'에 대한 시인의 예민하고도 심미적인 감각을 보여주는 이 시편은, "소리 나는 것들"이 전부 '허공'에 발원지를 두고 있다는 것에 상도(想到)한다. 가령 큰 눈 내린 날에 눈을 선반 누르듯 밟으면 "미끄러운 소리들"이 살아 있는 듯 사방으로 흩어져 허공에 둥 둥 떠 있곤 한다. 그렇게 "모든 소리는 짝이 있는지"(「말하는 귀」) 한편으로는 "무게를 실으면 제 무게만큼 내려앉는 소리들"이 피어나고, 한편으로는 몸을 터는 나무들 사이로 "부드러운 중얼거림으로 매달리는 말들"이 살아난다. 이처럼 "사소하게 사소하게/떨어질듯, 떨어지는 소리들"로 허공은 많이 분주하다. 그야말로 "창천(蒼天)"이 온갖 소리들로 가득한 것이다. 여기서 '소리'는 현재적일 수도 잠재적일 수도 있고, 물리적 실재일 수도 상상적 환청일 수도 있을 것이다.

그 모든 것이 자연 사물을 가득 채우고 있는 소리들을 자신의 감각으로 전이시키고 있는 시인의 솜씨를 잘 말해준다. 그렇게 시인의 감각에 각인되어 들어오는 '소리'들은, 가장 근원적인 사물들의 존재 원리이자 신성한 '침묵의 소리(sound of silence)'이기도 하여, 시인에게 허공 가득한 형이상학적 충동을 가져다주기도 하는 것이다.

오랫동안 비어 있던 화분에 괭이밥이 어슬렁거리기 시작했다 허름한 별이 창가를 불규칙적으로 다녀가고 괭이밥, 습관처럼 정강이를 세웠다

오전 중간쯤이다 집 안의 물기가 마지막으로 머물다 가는 1205호 창가에 별이 뜬다

둥굴린 시간들이 상현 하현을 맴돌았다, 나비떼처럼 창밖엔 눈 내리고 고양이 밥그릇만 한 화분에 별이 뜬다

겨우내 피고지고 피고, 음악처럼 별빛처럼 튀었다 씨앗들, 규칙은 없지만 규칙 같다

언제부터 이곳에 은하가 생겼을까 1205호 창가, 반짝거리지도 않는 별들이 열렸다 닫혔다 한다

하늘과 땅 사이 이토록 모호한 집착력을 본 적이 없다

— 「별의 집착력」 전문

오래 비워둔 화분에 와서 자란 "괭이밥"이 어느새 정강이를 세웠다. 오전 중간쯤인데 벌써 그 '괭이밥'은 "집 안의 물기가 마지막으로 머물다 가는 1205호 창가에 별"로 뜬 것이다. "둥굴린 시간들이 상현 하현"을 맴돌고, 노란 나비떼처럼 창밖에 눈이 내리고, 화분에는 노란 별이 뜬다. 마치 "음악처럼 별빛처럼" 튀어 이제는 은하가 되어버린 "1205호 창가"는 그렇게 반짝거리지 않는 별들로 가득하다. "하늘과 땅 사이"를 붙들고 있는 이 '별'의 "모호한 집착력"을 통해, 시인은 본 자연 사물이 구현해낸 심미적 결정(結晶)을 한껏 경험하는 것이다. 그런 풍경을 "언제까지 바라볼 수 있을지 아무도 모를 일이지만"(「숲의 밤은 우울하다」), 그럼에도 불구하고 신준수 시인은 "엉키지 않으면 살 수 없다는 듯"(「넝쿨의 힘」) 자연 사물과의 불가피한 얽힘의 과정을 순연하게 받아들인다. 그래서 "우리는 각각 관계다/관계로 태어났고, 관계로 울었다"(「도로남」)라고 말할 수 있는 것이다. 또한 우리는 그 관계를 가장 소중한 삶의 반려로 삼고 있는 시인의 따스함과도 만나고 있는 것이다.

지금까지 천천히 그리고 꼼꼼히 읽어본 신춘수 첫 시집은, 순연한 기억과 애잔한 서정의 파동들로 가멸차다고 할 수 있을 것이다. 그녀는 지금 "반드시 온 곳을 지나쳐야만 갈 수 있는 지점"(「후진」)을 지나는 중인데, 비록 시를 쓰는 일이 "목덜미 어디쯤이 빠근하게 살아야 하는 쓸쓸한 일"(「7층 석탑」)이지만, 그럼에도 불구하고 삶에 대한 궁극적 긍정의 마음이 그녀로 하여금 이 일을 앞으로도 열정적으로 감당케 할 것으로 생각된다. 참으로 애잔하고 아름답다. 그래서 우리는 이러한 기억과 감각의 진경(進境)을 이룩한 첫 시집을 딛고, 그녀가 더욱 넓어진 서정과 삶의 구체성을 담은 세계로 나아가기를, 깊은 마음을 담아, 소망해보는 것이다.

애 지 시 선

002 붉디 붉은 호랑이 장석주 시집
003 붉은 사하라 김수우 시집
004 자전거 도둑 신현정 시집
005 정비공장 장미꽃 엄재국 시집
006 기차를 놓치다 손세실리아 시집
007 바람의 목례 김수열 시집
008 그리운 연어 박이화 시집
009 뜨거운 발 함순례 시집
010 정오의 순례 이기철 시집
011 그 남자의 손 정낙추 시집
012 즐거운 세탁 박영희 시집
013 구룡포로 간다 권선희 시집
014 좋은 날에 우는 사람 조재도 시집
015 여수의 잠 김열 시집
016 축제 김해자 시집
017 뜻밖에 박제영 시집
018 꽃들이 딸꾹 신정민 시집
019 안개부족 박미라 시집
020 아배 생각 안상학 시집
021 검은 꽃밭 윤은경 시집
022 숲에 들다 박두규 시집
023 물가죽 북 문신 시집
024 마늘 촛불 복효근 시집
025 어처구니 사랑 조동례 시집
026 소주 한 잔 차승호 시집
027 기찬 날 표성배 시집
028 물집 정군칠 시집
029 간절한 문장 서영식 시집
030 고장 난 아침 박남희 시집